An Fhaochag

agus

a' Mhuc-mhara

Julia Donaldson

Na dealbhan Axel Scheffler

A' Ghàidhlig Tormod Caimbeul

acair

Seo agaibh sgeulachd mu fhaochag bheag bhiorach
Is muc-mhara mhòr cho cruinn ri Beinn Nibheis.

Sin creag nam bàirneach a-staigh anns a' phort,
Agus seall air an fhaochaig – chan eil i na tosd,

Ach suas agus sìos le iargain na sùil
A' coimhead na mara 's nam bàtaichean-smùid.
"Nach mise," ars ise, "bha an-dràsta air bòrd
Bàta bòidheach nan crann a' dol a-null an cuan mòr:
Dol a dh'fhaicinn an t-saoghail,
Dè b' fheàrr?" ars an fhaochag.

Thàinig an uair sin a càirdean gu lèir

Suas creag nam bàirneach, gach fear agus tè

Ag èigheachd 's a' trod ris an fhaochaig bhig bhochd:

"Air sgàth nì math! Dè a' chabhag a th' ort?"

"Nach iad a bha Hiort!" ars an fhaochag rithe fhèin,

"Ach ge b' oil leotha thèid mise gu dùthchannan cèin'."

Is seo agaibh an làrach

Air creag dhubh nam bàirneach

A dh'fhàg i na dèidh:

Seo a-nise mhuc-mhara a thàinig aon oidhche.
Bha làn ann aig cala 's a' ghealach a' soillseadh.
Muc-mhara mhòr fhada le croit air a druim.
Nuair a chunnaic i 'n fhaochag, thòisich i seinn
Òrain mu chreagan is deighean is uamhan,
Tonnan a' briseadh – rionnag an earbaill ...

An sin thog ise a h-earball an-àirde
Is leig i e sìos air creag nam bàirneach,
Ag ràdh ris an fhaochaig, "Sguir dhe do
chaoineadh,

Thig air bòrd is bheir mis' thu
timcheall an t-saoghail."

A-null thar a' chuain

Gun deach iad gu luath,

Agus chunnaic an fhaochag

Le iongnadh na h-aodann

Saoghal geal reòthte is dùthchannan blàth,

Le beanntan nan teine

Is tràigh bhuidhe-bhàn.

Seall air na stuaghan

Ag èirigh mun cuairt dhiubh,

A' briseadh 's a' frasadh

Air slige na faochaig

Air stiùir na muic'-mara.

Sìos, sìos gun deach iad
Gu grunnd a' chuain,
Far am fac' iad le uabhas
A-mach 's a-steach às na h-uamhan
Siorcaichean fiaclanach
Is iasg beag srianagach –
Is ochd-chasach uaine a' seinn!

Nuair a thill iad an-àirde

Bha an t-adhar os an cionn

Cho gorm agus grianach is tlàth;

Ach mo chreach! Thàinig frasan,

Dealanaich na lasan,

Chrùb an fhaochag is ghabh i grèim-bàis

Air earball a caraid

A bha làidir sa ghailleann – cò b' fheàrr!

Ach thàinig fèath, mar as tric a thàinig,

Air muir is tìr agus tràighean àlainn;

Bha sìth is sàmhchair air gach càrn is creig

Is dh'fhairich an fhaochag cho beag ri beag.

Aon latha samhraidh le gaoth is smùid,

Thachair gun chaill a' mhuc-mhara a cùrs' ...

Seo na bàtaichean le srann is ràn,

A' feuchainn cò bu luaith' san àit';

Bha ceann na muic a' cur nan caran

Is shnàmh i steach ro fhaisg dhan chladach.

Ach òbh, òbh, bha muir-tràigh ann ...

’S bha mhuc-mhara air a fàgail
    Air a mionach anns a’ bhàgh ud.

“Greas ort! Till air ais!”
    ghlaodh an fhaochag an uair sin,
Thuirt a’ mhuc ’s i cho **reamhar**,
    “Chan fhaigh mi air gluasad!”

“Dè nì mi? Cà ’n tèid mi?”
    ars an fhaochag fo bhròn,
“Tha mise cho beag
    ’s tha ise co mòr.”
Ach fuirich ort! Na caraich!

Tha rud aice san amharc,
’S gun stad càil na b’ fhaide,
Tha i falbh chun a’ bhaile.

Tha clag na sgoile ga bhualadh gu bras,
Is feumaidh a' chlann dhol air ais dhan a' chlas.

Seo agaibh Miss Òrdag toirt seachad nan òrdugh:
"Suidhibh sìos anns an spot! Agus sguiribh
a chòmhradh!"

"Seall air an fhaochaig!"

Dh'èigh a' chlann le aon ghuth,

"Tha i a' fàgail làrach
     air a' bhòrd-dhubh!"

Leum a' chlann gu 'n casan

'S chaill an tidsear a h-anail

Nuair a leugh iad na facail:

Mach às an sgoil gun deach iad nan ruith

A dh'iarraidh luchd-smàlaidh – duine sam bith –

Agus chladhaich iad lòn

Agus thòisich iad a' frasadh

Uisge fuar air a' mhuic

Gus a cumail fliuch, fallain.

Tràth air an fheasgar gun thòisich i lìonadh,

Is fhuair a' mhuc-mhara mar bu mhiann leath'.

Sheòl i air falbh, an fhaochag air bòrd,

'S cha robh duine sa bhaile nach robh air a dhòigh.

Thill iad a-rithist gu creag nam bàirneach

Is chunnaic an fhaochag an sin na càirdean –

Abair thusa gun d' fhuair iad fàilte,

Làn-dùil aca gun deach am bàthadh!

Is dh'innis an dithis ud dhaibh an sgeul
Mu uamhan is deighean is tìrean cèin';
Tonnan a' briseadh is sneachd a' frasadh,
Rionnag an earbaill 's na beanntan nan teine;
Is mar a chaill a' mhuc a cùrsa
Air latha samhraidh – gaoth is smùid ann –
'S mar a rinn an fhaochag làrach
A choisinn dhaibh gun robh iad sàbhailt'.

Is thog a' mhuc-mhara a h-earball an-àirde
'S leig i e sìos air creag nam bàirneach,
'S thuirt i le gàire ri na càirdean:
"Bheir mi air bhòids' a-mach am bàgh sibh."

Am beul na h-oidhch' bha iad

Gu h-aoibhneach a' seinn

Air druim na muic'-mara,

Ann an solas na gealaich –

Òran faochagach, binn.

A' chiad fhoillseachadh 2003 le Macmillan Children's Books
earrann de Macmillan Publishers Limited
20 New Wharf Road, Lunnainn N1 9RR
Basingstoke agus Oxford
Companaidhean comannaichte air feadh an t-saoghail
www.panmacmillan.com

An teacsa © 2003 Julia Donaldson
Na dealbhan © 2003 Axel Scheffler
A' Ghàidhlig Tormod Caimbeul
An teacsa Gàidhlig © Acair
A' chiad fhoillseachadh sa Ghàidhlig 2006
www.acairbooks.com

Gheibhear clàr catalog CIP airson an leabhair seo ann an Leabharlann Bhreatainn.

Clò-bhuailte sa Bheilg

Chuidich Comhairle nan Leabhraichean am foillsichear le cosgaisean an leabhair.

Tha Acair a' faighinn taic bho Bhòrd na Gàidhlig

LAGE/ISBN 0 86152 260 5
9 780861 522606